Als wär's ein Spiel

Meiner geliebten Frau
Katharina Kessler.

Durch ihre zeitliche Entlastung und Unterstützung
ermöglichte sie mir die Arbeit an diesem Buch.

Sehr herzlich danken möchte ich auch

Frau Marga Klein,

Frau Mathilde Terzano,

Herrn PD Dr. Armin Günther,

dem Lektor und Schriftsteller,
Herrn Klaus Gasseleder,

der Malerin,
Frau Gertruda Gruber-Goepfertová,

und, nicht zuletzt,
Herrn Horst Gaukel.

Stephan Kessler

Als wär's ein Spiel
Gedichte & Fotos

sonett

verlag für lyrik & fotografie

Stephan Kessler
Als wär's ein Spiel
Gedichte & Fotos

sonett
verlag für lyrik & fotografie

D-81739 München
1. Auflage im Juli 2002

Herstellung:
Books on Demand GmbH, Norderstedt.
ISBN 3-8311-3942-3

Inhalt

Vorwort   8

I. Lauschen   11
  über die Stille
Lauschen   11
Inkognito   12
aus der stille   13
willst du zu dir selber   14

II. Du   15
  Liebesgedichte
An *meine* Kathinka   15
du   16
sehnsucht   17
Frohlocken (deiner Sopranflöten)   18
Garderobe   19
du rose   20
Herzklopfen   21
Adieu!   22

III. Und wär's ein Spiel   24
  über Aufgaben im Leben
Genügsam   24
Neue Liebe   26
Nebensache   28
Und wär's ein Spiel   29
Selbsthilfe   30
Freigelegt   32
Angstloch   34
Bekehrt?   35
Leben ist Frohsinn und Fron   36
Jedem seinen Schuh!   37
Zwänge   38
Am Ende ?   39
Erfülle deinen Lebensweg!   42

IV. Auf und ab   44
       Alltag, eigenes Befinden, Allgemeines

Vaterliebe   44
Die Beute   45
Suppendeppen   46
Auf und ab   48
Pendeln   50
Schabernack   51
ich hasse   52
~~Staatspolizei~~ — Polizeistaat   53
Missgeschicke   54
Spiegelbruch   55
Damit wir Gott überflügeln?   56
Süßer die Kassen nie klingeln   58

V. Verwandlungen   59
       Naturgedichte

Aprilglanz   59
Beglückende Vollendung   60
Dämmerrunde   61
Verirrt   62
Herbstlied   64
Baumesende   65
Kastanienernte   66
Novembergedanken   67
Verwandlungen   68

VI. Aus der Enge der Zeit   69
       über die Zeit

ich warte so gerne   69
Aus der Enge der Zeit   70
stell dir vor die zeit blieb' stehen   71
Der Zeitfeind   72

VII. Rätsel   73
       philosophische und religiöse Fragen

Wo sind all die Kinder?   73
Das Tor   74

Rätsel 76
Sind Träume Schäume? 77
Fragen 78
Nur der mag einen Schimmer 79
Kindertraum 80
Mein Heim – Weg 81

VIII. Zu einer Melodie 82
über das Dichten / über den Poeten
Frage 82
Nonsens(?) - Sonett 83
Schwarz auf weiß 84
Die Suche 86
Künstlerleben 87
Zu einer Melodie 88
Ungestillte Sehnsucht 90

IX. Funkelnd prangen 91
stirb und werde
Wenn das Endliche endlich endet 91
Wir wissen unser Schicksal nicht 94
Funkelnd prangen 95
Ausblick 96
Abschied 97
Zuletzt 98

Schlusswort 100
Wird neu er sein? 100
Fotoverzeichnis 102

Vorwort

"...Wir wissen wenig, aber dass wir uns zu Schwerem halten müssen, ist eine Sicherheit, die uns nicht verlassen wird; es ist gut, einsam zu sein, denn Einsamkeit ist schwer; dass etwas schwer ist, muss uns ein Grund mehr sein, es zu tun."
Rainer Maria Rilke. Briefe an einen jungen Dichter.

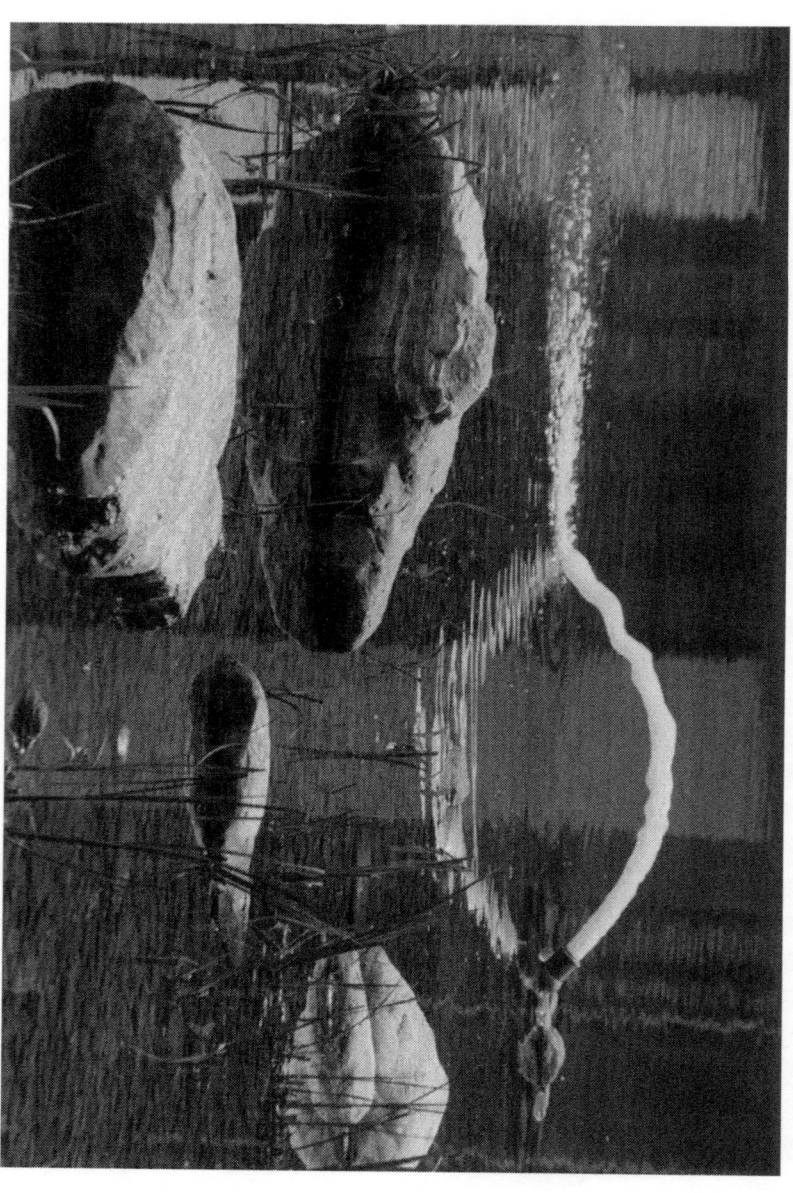

I. Lauschen
über die Stille

Lauschen

Was wir im Grunde gerne hätten,
wär' nur ein bisschen Freud und Glück,
von Schicksals Gunst ein kleines Stück
und dies durch's ganze Dasein retten.

Wir hetzen durch den Tag, die Jahre –
der Wind verweht die Zeit wie Staub –
o wären wir nur nicht so taub:
so schlicht und nah: das Wunderbare!

Fernab von Autoflut und Hetze,
am Rand von Lärm, Konsum und Hast,
ich – Auszeit nehmend, eine Rast –
mich manchmal bloß so nieder setze.

Mal nicht mit stürzend' Fluten rauschen,
in Ruhe ganz nach innen sehn –
zuweilen Einhalt: mehr als Gehn! –
und nur der Blätter Rauschen lauschen.

So halt beizeiten ich dann inne,
befrei den Geist, nehm nichts zur Hand,
behorch das Knirschen dort im Sand,
beäug das Klettern jener Spinne,

verfolge jedes Vogelsingen
und alles, was behagt dem Ohr,
wie Wasserplätschern, Wespenchor,
Geschrei von Kindern, jeglich Klingen ...

Inkognito

Die Stille schien seit Jahren ausgestorben,
sogar das Wort hierfür kaum noch bekannt.
Ein Sammler hätt' sie allzu gern erworben
und suchte sie schon bald in fernem Land.

Allein – er konnte sie nicht recht beschreiben,
da er ja nie zuvor sie je gehört.
Nach langem Fragen ließ er's endlich bleiben. –
Sie kam von selbst und hat ihn gleich betört.

Befreundet sind inzwischen lang die beiden.
Er lauscht ihr, wenn er Ruhe gönnt dem Geist.
Da sie so leise, schüchtern und bescheiden,
bleibt ihm verborgen, dass sie "Stille" heißt.

aus der
stille
wächst dir
ruhe

aus der
ruhe
reift dir
sinn

sinn
macht
reich
dein leben

willst du
zu
dir selber
finden

lass
dich auf
die stille
ein

II. Du

Liebesgedichte

An *meine* Kathinka

Du liebst den köstlichen Hauch der Rose,
die deinen Nächten blüht.
Es streicheln dich zarte, duftende Moose,
um die ich mich bemüht.

Du trinkst der süßen Nächte Träume
aus meinen Händen aus,
erfüllst mit deinem Glanz die Räume,
reichst mir der Liebe Strauß.

Du fängst des Traumes Fabelfische,
bist meine gute Fee.
Du deckst am Strand die Märchentische,
birgst Liebe aus dem See.

Ich schenke dankend Freud, mein Lachen,
gelob' Verbundenheit,
entführe dich mit meinem Nachen
zu Inselseligkeit.

So lang ich dir nur Freude fische
und reiche dir die Treu,
garniert Vertrauen unsre Tische,
wächst Liebe stetig neu.

du

wäschst
mir
von der
seele
den
schmerz

ich
trockne
ab deine
tränen

du

kämmst
aus meine
Sorgen

ich
beschneide
deinen
Zweifel

wir

teilen

die seife
das spray
die salbe

und

unser
glück

sehnsucht

treibt
mein ufer
dir zu

dein blick
überflutet
mein herz

mein verlangen
ertrinkt
in dir

An Katharina K.

Frohlocken
deiner
Sopranflöten,

Bassbrummen,

Auferstehung
verkündende
Posaunen,

reiche
Klangfülle,

alle
Register
gezogen:

Aufmarsch
tosender
Orgelpfeifen

gießen
die Leere
aus
meiner
Seele
Gefäß –

Harmonie
jubelt mir
dein Blick
zu.

An K. L.

18

Garderobe

du entkleidest
meine Sorgen,
legst mir an
ein Verlangen,

du beschuhst
mich
mit Hingabe,

beschürzt mich
mit Liebe,

beringst mich
mit deiner
Herzensglut.

du fesselst
mein Schauen,
umgürtest
liebkosend
meinen Blick,

streifst meinem
Alltag
Glanz über,
legst dem
Augenblick
Freude an,
behütest
mein Hier
mit dem
Jetzt!

du rose

duftest
samten

lässt
erblühen das
sehnen

bestäubst den
hunger nach
knospendem
frühling

reinigst
den zweifel

Herzklopfen

Früher schlug mein Herz im Trott,
als ich war allein.
Kapriolen schlägt's, weiß Gott,
jetzt, da wir zu zwein.

Dich zu lieben gibt mir Kraft,
stärkt den Lebensmut.
Hätt' ich dir das auch verschafft,
wäre alles gut!

Adieu!
– An Fred Quecke –

Jeder wird einmal beschreiten
ungefragt das Grenzland Tod;
wird gehüllt in Ewigkeiten
nicht mehr leben von dem Brot.

Brot, verdient in wechselnd Lagen:
Alltagssorge, Krankheitslast,
fröhlich an beglückten Tagen –
dankbar du's gegessen hast.

Selbstversöhnt hast du verlassen
deine Lieben und die Welt.
Keiner kann dein Ende fassen,
der dich liebte – Erde fällt. ...

Erde fällt in jene Grube
als Symbol von Endlichkeit. –
Sehnsucht atmet nun die Stube
und den Hauch von Ewigkeit.

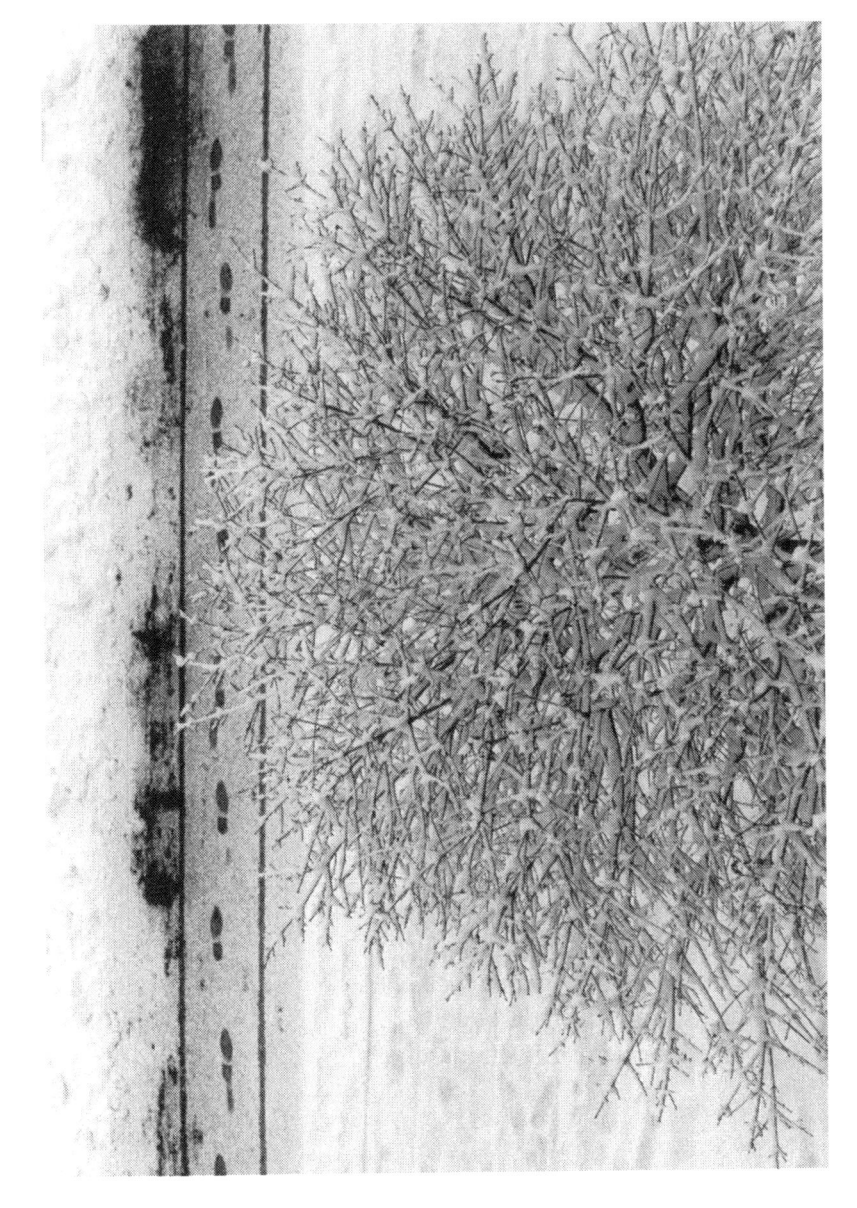

III. Und wär's ein Spiel

über Aufgaben im Leben

Genügsam

Wer liebend Leben weitergibt,
wer eignem Wesen Fremdes liebt;
wer strebend, schaffend sich bemüht,
dem manche frohe Stunde blüht.

Wer Gott lobt, dankt zur rechten Zeit,
wer baut auf die Gerechtigkeit;
wer sich erholt und andern gönnt,
was ihnen nützt; beim Namen nennt

und sei es noch so unbequem,
weil's ärgerlich, unangenehm;
wer sich verwirklicht; seinen Kern
ganz offen zeigt, den hat man gern;

wer oft auch andern Anteil gibt,
an dem, worin er selbst bemüht;
wer sättigt, betet, schlichtet Streit,
verurteilt nicht, ist tatbereit;

wer Bestes hoffend Gutes denkt,
stets Hilfe bietend manches schenkt,
der ist ein seltnes Einzelstück:
Ihm sei gegönnt viel Lebensglück!

Neue Liebe

Einst, als ich's Leben und mich hasste,
war mit dem Schicksal ich im Streit.
Viel Zeit verstrich, bis ich befreit. –
Jetzt weiß ich, dass ich viel verpasste.

Doch wie die Frucht ich reifen musste:
In tiefer Finsternis ich schlief,
bis erst mein Herz nach Sonne rief,
ich endlich *deren* Gutes wusste.

Erlebte lange, schwere Zeiten. ...
Die Schale war zuerst nur grün,
denn wenig Leuchtkraft mich beschien. –
Den Standort musste ich erstreiten.

Auch Fäulnis war zu überwinden
und Seuchen, mancher Schicksalsschlag.
– Das bloße Dasein war schon Plag! –
Es galt, viel Liebe einzubinden.

Und langsam wuchs – erst kaum zu sehen –
das Pflänzchen aus dem Schatten vor,
in dem es winters elend fror.
Im Wachsen blieb es nicht mehr stehen.

Inzwischen schmückt mich eine Farbe;
ich habe Stängel, Blätter, Kern
– wer mich erhalten, mag mich gern –
und an der Seite eine Narbe.

Das Schwerste scheint nun überwunden.
Ich bin erwachsen und wie's scheint,
Hab ich nun einen neuen Freund
und neue Liebe vorgefunden:

Ich finde an mir Wohlgefallen,
sogar mein Leben mag ich jetzt.
Ich wollt, auch ich wär' stets geschätzt,
mein Schatz blieb' Liebste mir von allen!

Nebensache

Wo ist Heimat mir gegeben,
welcher Erdenfleck ist mein?
Musste mich nicht fortbewegen,
konnte immer schon hier sein;

Eltern waren nicht aus Bayern,
"nur" *geboren* bin ich hier!
Wer vermag mir zu entschleiern:
Wo liegt Duisburgmünchentrier?

Duisburg: Mutter ist geboren,
Vaters Stadt war einstens Trier.
München hab ich mich verschworen –
dass ich *lebe*, bin ich hier!!!

Und wär's ein Spiel

Von ferne schwebt die Seele in das Leben
und endlich gleitet sie aus uns hinaus.
Das Hiersein lohnte, wenn wir Zeit und Haus
erfüllten liebbemüht mit Tat und Geben,

wenn wir ein großes Ziel im Aug' behielten,
von dem ich mein', wir wären ihm geweiht,
das schüfe Himmelsfernen, Mensch und Zeit,
wenn Mühen unsrer Arbeit darauf zielten.

Berufung finden, eignes Können mehren,
die Not der andern lindern, sei das Ziel
und Nächste, die sich unterscheiden, ehren.

Am Lebensrand erfüllt sein, wäre viel:
Erblühten Sterne uns in Himmelssphären,
und wandle sich das Sein in sanftes Spiel!

Selbsthilfe

Wenn sich
meine Seele aus der Fülle

zu verlieren

droht;
wenn sie gepresst
und müde
allen Treibens, Müssens, Wollens, –

des hohen Eigenanspruchs leid –

sich unversehens
einem Sog der
Leere
ausgeliefert
sieht;

wenn ich mich, bar
jeder Kraft, am Abgrund
der Verzweiflung

wiederfinde,
vom Band der Hoffnung
beinahe

abgetrennt,

ziehe ich mich
vor mir selbst zurück. ...

Ein
kleines
Flämmchen
Hoffnungsschimmer
züngelt in der Ferne,
sobald ich von der Macht
des Schöpferischen ergriffen
mich wie
jetzt führen
lasse
wie ein Blinder,
eingehakt in
den Arm des
Vertrauens
hin
zu unbekanntem Ziel

und das Erlebte
mir selbst
bewusst mache,
um es in Kunst
umzusetzen.

So
befreie
ich mich
selbst.

Freigelegt

Ein Wundmal nach dem andern legt sich offen,
wie manchmal sich entblößt ein Hausgemäuer –
das Selbsterkennen ist dir wert und teuer,
doch macht das Ausgeliefertsein betroffen.

In deinem Leben geht das meiste gut.
So sei doch dankbar, froh und lass mitnichten
dich niederdrücken, stoppen, gar vernichten!
Halt ein, besinne dich und fasse Mut!

Die Alltagspflicht erfüllen sei das Deine,
beweisen, dass du andrer Not verstehst,
die eignen und die fremden Lasten tragen.

Mit Arbeit an dir selbst erwirbst du Reine,
wenn du dir wirklich selber eingestehst,
was du nicht ändern kannst, und nicht zu klagen.

Angstloch

Blutige Bestientatzen greifen
nach der angsterfüllten Seele.
Höhnisch grinsende Fratzen schleifen
Messer: Ich zu Tod' mich quäle.

Mittendrein schimmern Segel
farbenfroh, sprühen Mut.
Fluten meinen Stimmungspegel. –
Angstloch? Geht's mir wieder gut?

Angstloch hielt seit vielen Jahren
über mir die Banngewalt.
Heut kann ich erstarkt gewahren,
wie es Schwachen raubt den Halt.

Bekehrt?

Wie eine Achterbahn sind deine Wege:
Das erste Steilstück raubt dir alle Kraft;
am Ziel füllst du die Lungen: o, geschafft! –
Da sackst du ab, gebeugt durch Schicksalsschläge.

Die Lebensgondel stürzt dich in die Leere:
Trotz allem Ringen reißt sie dich hinab,
die Ohnmacht streift dich, es klafft das off'ne Grab –
erflehst das Ende solcher Höllenschwere.

Bald scheint dein Wunsch erhört: Du atmest Ruhe. –
Gefehlt! Denn deinen Karren packt der Schwung
und rüttelt dich, des Schicksals Spielgefährt,

und zerrt dich fort mit polterndem Getue.
Du krallst erschöpft den letzten Mut zum Sprung. –
Geirrt! – Dir bleibt das Leben! – – Nun bekehrt?

Leben ist Frohsinn und Fron

Und wenn du selbst dich überwindest,
und rackerst, schuftest fast zur Frühe,
du schließlich zu dir selber findest:
Dir manches Glücksgefühl erblühe!

Erkenne, setze in Taten um
und forsche, denke, reflektiere!
Wenn dir auch manches gehe krumm,
such immer Freude, triumphiere!

Leben ist freuen und Arbeit für Lohn,
mal ruhen und immer sich bemühen;
ist Frohsinn, Ekstase, Entspannen und Fron,
Ersinnen, Helfen, sich schenkend Verblühen ...

Jedem seinen Schuh!

Als ich noch ein Junge war
und in Klosterschülertagen,
fiel auf mir einer in der Schar,
den hat's Schicksal früh geschlagen.

Hatte *einen* hohen Schuh,
klobig, komisch — ungewöhnlich.
Heute denk ich: So bist du. —
Ob ich selber bin versöhnlich?

Jeder hat besondren Gang,
schlurft er, schwebt er, ist er Gleiter.
Jedem Schritt sein eigner Klang:
Lehrer, Hinketritt, Gefreiter.

Ich bekenne mich dazu:
habe ungleich lange Beine
(geh mit maßgemachtem Schuh). —
Jeder hat bekommen *seine*!

Zwänge

Alles tun zu können,
was wir je uns gönnen:
Endlos unser Wollen,
wenig, was wir sollen! –

Doch die eignen Zwänge
pressen ins Gedränge
uns und bergen Sorgen:
jeden Tag und morgen!

Müssen uns bescheiden,
oft genug auch leiden.
Dürfen das nur wollen,
was wir auch tun sollen:

Festgezurrt in Netzen,
starrem Zwang, Gesetzen
haben wir zu richten
uns nach unsern Pflichten.

Am Ende ?

am Ende
eines Weges
der gähnende Abgrund

lebensmüde

das Herz
wie zwischen
zwei Wänden
eingeklemmt
der Mut
wie ein Wurm
kriechend

Selbstmitleid
weil einen
kein anderer
versteht

den Hals in der Schlinge
den Finger am Abzug
einen Fuß am Rand
des Lebens

Lärmen
in der Nähe
Stimmen
Streit
Aufhorchen

von sich selber
verlieren sich
eigene
Sinnlosigkeit
Zweifel

abgelenkt

von wachsendem Mut
ergriffen
steht er
am Abgrund
weiß nicht
warum
weshalb

er
fühlt sich hier
fehl am Platz
ja eine
panische Angst
ergreift ihn sogar
an Boden zu
verlieren
und in die
Tiefe zu stürzen

er bringt sich
leicht erregt
tastend
in Sicherheit –

kehrt dem
Freitod
den Rücken

wendet sich
von
neuem
dem Leben zu

Erfülle deinen Lebensweg!

Sofern du bist am Ende, kannst nicht mehr,
dein ganzes Leben, alle deine Lasten,
die deinen Rücken senken, sind zu schwer,
so halte einfach ein und denk ans Rasten!

Und reicht das Wasser dir bis oben an,
und drohst du in den Sorgen unter zu gehen,
so kämpfe tapfer und stehe deinen Mann
und bleib als Fels fest in der Brandung stehen! — —

Ein Christmensch träumte einst, er könnt' nicht mehr
und wollt' des Lebens Lasten nicht länger tragen;
die waren bisher wie Blei, so lastend, schwer,
sie drückten, ließen lang ihn fast verzagen.

Er nahm sein Kreuz und sägte ab ein Stück,
dann ging er seines Weges froh, entspannt.
Er dachte sich, das bringt mir sicher Glück,
das Dasein hab' ich besser in der Hand.

So schritt er munter durch die weite Welt,
durch viele gute, manche schlechte Zeiten.
Die Lebenslust genoss er wie bestellt,
und alles ließ sich mit Leichtigkeit bestreiten.

Als er gestorben war, da sollte gehn
der Weg direkt hinauf in Gottes Garten.
Noch eine Prüfung musste er bestehn,
sofort und ohne Umweg, ohne Warten:

Ins Leere führte ihn der Himmelsweg:
Vor ihm klafften Schluchten, jähe Weiten –
als seine Brücke, letzten Rettungssteg
erbot sich's Kreuz, ihn sicher zu geleiten.

Er nahm zuerst vom Stamm ein gutes Maß
und hielt es über jene tiefe Schluchten
in Hoffnung, dass er später sicher saß.
Er holte aus, um's Kreuz hinüber zu wuchten. –

Allein, es fehlte jenes ganze Stück,
worum er einst den Kreuzesstamm beschnitten!
So blieb er jäh kurz vor dem Ziel zurück,
das ihm nur wegen jenen Stücks entglitten!

Ihn packten Wut und Zorn, da wacht' er auf
mit pochendem Herzen, bang und schweißgebadet.
Er sagte sich: Ich freue mich gleichauf,
dies Wissen zu erlangen – unbeschadet!

Von nun an nahm er an die bitterste Last,
wie schwer sie für ihn auch immer ist gewesen.
So lange er auf Erden war zu Gast,
blieb jener Traum ihm wach und er genesen!

Und als er starb und Gott ihn gütig rief,
und freundlich einlud: "Komm zum Paradiese!"
da führte sein Weg, der über sein Kreuz verlief,
direkt auf Gottes bunte Himmelswiese!

Neufassung (einer Abschrift fremder Herkunft)
des 21-strophigen Gedichtes eines unbekannten
Autors: "Säge vom Kreuz nichts ab!"

IV. Auf und ab

Alltag, eigenes Befinden, Allgemeines

Vaterliebe

Hab' als Kind den Satz erlitten:
"Ganz aus dem Gesicht geschnitten."
Dies galt meinem "alten Herrn",
dessen Herz mir damals fern.

Heute, wenn ich auf mich achte
und im Spiegel lang betrachte,
scheint zu gucken fast verlegen
Vater selig mir entgegen.

Er lebt weiter, ohne Frage,
wie zu sehn, noch manche Tage.
Reichlich spät hab' ich nun gern
das Gesicht des "alten Herrn".

Die Beute

Auf U-Bahnsitzen saßen zwei
vereint und eng umschlungen.
Sie herzte ihn damit, er sei
ins Herz ihr eingedrungen.

Sie hatte Charme und die Figur,
die Männer meist ersehnen.
Von *echter* Liebe keine Spur –
sie würde ihn verwöhnen.

Sie saß bald ganz auf seinem Schoß,
ja wollte doch nur Liebe! –
Sie träumte, wie er knie, bloß,
und er sie kraftvoll schiebe.

Ihr wurde heiß, die Lust kam ihr:
Sie biss ihm in die Zunge. ...
Beinah vergessen, dass man *hier!* –
Er war ein heißer Junge.

Er spürte sie, sie fühlte ihn –
"Hallo, Sie müssen gehen!
Nicht aus-, *an-* müssen Sie sich ziehn:
Der Wagen bleibt hier stehen."

Sie nahm ihn mit zu sich nach Haus;
dort ist er auch noch heute.
"Die Schöne" zieht ihn gerne aus
und nimmt ihn sich als Beute.

Suppendeppen

Grollend schleppen rollende Treppen
laufend Leute hinunter, hinauf.

Zwei Männer in Schlappen,
die scheppern und klappern
mit Kappen in Mappen
betappen die Treppen
und schleppen wie Deppen
Truppen von Puppen
 zum Pappen mit Lappen.

"Und die Suppen?"

"Wir mussten wie Deppen
die Suppen erst schleppen
und über die Treppen
noch räppen und steppen
und warten, bis dass uns
nahe den Kuppeln
die Puppen verkuppeln
und dies noch berappen.

Uns Schlappen
verging nun das Tappen. ...

Aber die Truppen rollen
Attrappen über
die tollen
Treppen in Stollen
und
Roller foppen die Noppen
und rollen die Tollen
und toppen die Treppen
und räppen mit Deppen
von Stollen zu Stollen –

ob *sie*'s *wirklich* wollen?"

Auf und ab

Heute mag dir alles glücken,
bist im Einklang mit der Welt,
überstehst so manche Tücken;
alles in den Schoß dir fällt

und den Himmel siehst du bläulich,
da du nimmst den steilsten Hang;
alles scheint dir höchst erfreulich,
Töne geben hellen Klang.

Morgen dünkt dich anzugaffen
alles finster, voller Spott;
schwer ist es, dich aufzuraffen,
findest mühsam deinen Trott.

Hindernisse unterdessen
bringen dich leicht aus dem Tritt;
alles wähnst du jetzt vergessen,
stolperst leicht, bist wenig fit.

Doch im Grunde lebst du gerne,
bist auch oft nur einfach da.
Von den schweren Dingen lerne,
sage froh zum Leben: ja!

Pendeln

Du schleppst den Körper Tag für Tag
von einem Ort zum andern.
Wie jeder brauchst auch du Ertrag
und bist nur stets am Wandern.

Wir wechseln Plätze, um das Brot
zum Leben zu verdienen:
am Morgen und bei Abendrot
im Auto und auf Schienen.

Da unsre Arbeit fern von dort,
wo unser Wohnen, Leben,
so pendeln wir von Süd nach Nord,
von Ost nach West ergeben.

Nicht jeder hat das große Glück
und Arbeit um die Ecke.
Die Mehrheit fährt ein weites Stück:
Nur selten: freie Strecke!

Schabernack

An meinem Überwachungsbildschirm in der Pforte
spielt sommers mir die Fantasie
den Streich mit reichlich Spott und Hohn garniertem Worte:
"Es ist hier *Winter*!" faselt sie.

Den ganzen Sommer werde ich zum Narr'n gehalten:
Die Farbe fehlt, es täuscht das Licht.
Der Winter scheint am Bildschirm sich erst zu gestalten:
"Da *liegt* der Schnee, das siehst du nicht?!"

Das Weiß der Lappen an den Bäumen macht vergessen,
dass Winter selten Blätter kennt;
auch Gehweg, Straße, Einfahrt täuschen mich vermessen
mit "Schnee" – wie der sich wirklich nennt?

ich hasse

jene Rasse,
welche muss quälen
andrer Leute Seelen

diese, die sich weiden,
wenn andere leiden

die ohne Gefühle
in ihrem Gestühle

die kein Gewissen,
Liebe missen

auf die alle will ich
pissen
und
kotzen

doch kann ich
nur motzen

~~Staatspolizei~~ — Polizeistaat

Allgemeine Gentestpflicht
Kameras im Unterricht
Arbeitslosenpolizei
Wanzenfund im Milchreisbrei
Schwarzer-Sheriff-Untergrund
Lauschangriff durch scharfen Hund
am Stadion Polizei mit Pferd
Alarmanlage überm Herd
Innenstadt-Fernsehaugen
Ausweispflicht zum Teppichsaugen
Körpercheck und Röntgenbild
fürs Handgepäck — No-Handy-Schild
Taschentest am Tribünentor
Schutztrupp für Israeliten-Chor
Bodyguards der Sängerin
Vopos früher vor Berlin
Waffenfund durch Bahnpolizei
Skinheadschlacht: kein Bulle dabei
Polizeihubschrauberlandeplatz
von Polizistenkessel keinen Satz

Achtung Achtung hier spricht die Polizei

Missgeschicke

Das Telegramm versinkt im gelben Kasten,
ein Raucher lässt den großen Vorsatz sein;
die Dicke bricht entmutigt ab das Fasten,
und Trinker stoßen an zum Glücklichsein.

Tabellenletzte schießen Eigentore,
und schlechte Schüler bleiben heut zu Haus;
Entsetzen nach Gekreisch von der Empore,
beim Volksfest reicht das Bier nur Stunden aus.

Der Druck der Bücher wurde schlicht vergessen,
den Maibaum schlug der Wirt vor Wut entzwei;
das Pferd fraß auf den Brautstrauß wie versessen,
klein Hänschen ließ den Papageien frei.

Die Stiere wurden vor dem Kampf erschlagen,
Medaillen gab es für die Sieger nicht;
dem Zirkuselefanten platzt der Kragen,
"Theaterabend heute ohne Licht!"

"Gestohlen wurden leider alle Gläser,
eröffnet wird trotzdem das Nachtcafé!"
"Es streiken heute wieder viele Bläser,
der Dirigent erkrankte auf Tournee."

Und wenn Sie noch etwas für heute missen,
dann schicken Sie es bei der Zeitung ein.
Sie sammeln alles, auch erfundnes Wissen. –
Was hier erlogen, wollen Sie verzeihn!

Spiegelbruch

Bekanntermaßen bringen Scherben Glück;
dem Spiegelbruch jedoch wird angedichtet,
er provoziere Pech, das gar vernichtet;
es weiche schleppend erst: nur Stück um Stück.

Nun brach mir gestern so ein Glas entzwei.
Ich hofft', ich könnte Glück mir suggerieren:
Verjagtes Pech bald würde sich verlieren. ...
Doch mal geweckt, springt's allzu schnell herbei! –

Aus heitrem Himmel schlug es heute zu,
als ich in Frankfurts Straßen fotografierte:
Ohne Warnung fiel mein Objektiv

wuchtig nieder – brach entzwei dazu! –
Gleich stoppt ich ab die Tour – studierte, sinnierte:
Bei aller Vorsicht, geht noch vieles schief?

Damit wir Gott überflügeln?

Der Mensch hat alle Zeiten gedacht,
er wäre das Größte auf Erden.
Doch hat er die Völker zur Einheit gebracht?
Soll er sich so weiter gebärden?

Die Gene geklont, das Weltall gebeugt –
vermögen wir selbst uns zu zügeln?
Nach eignem Bild hat uns Gott gezeugt,
damit wir sein Werk überflügeln?

Schon Tausende Jahre tötet Gewalt:
Statt Brot verteilen wir Hiebe.
Wir Menschen sind so grausam, kalt
und nennen vieles Liebe. ...

Es wird mit uns die Zeit vergehn,
die Umwelt wir weiter vernichten.
Frieden wird die Welt nie sehn –
im Sterben wir Brüder noch richten.

Süßer die Kassen nie klingeln

Lichterbogen – Sternenmeer
wecken frühe Kinderträume;
Festtagstüten. – Käuferheer
füllt die Plätze, drängt in Räume;

Nelken, Glühwein und Bratapfelduft
reißen fort in vergessene Sphären;
Bratwurst-, Fischsemmel-, Lachsbrotluft:
Flüstern: Nicht verwehren – Begehren!

Stille-Nacht-Lied erklingt vom Band;
Weihnachtsmann verteilt Geschenke;
Opfergeld für Heil'ges Land. –
"Hier bei mir gibt's Kaltgetränke!"

Mandeln, Popcorn, Underberg
und was sonst noch für's Behagen;
Türkisch Honig, Gartenzwerg,
Zwetschgenmanderl, Puppenwagen!

Dank des Jesus' Weihnachtszeit:
Kassen süßer niemals klingen!
Wenn es dann noch friert und schneit,
gehn drei König' bettelnd singen. ...

V. Verwandlungen
Naturgedichte

Aprilglanz

Von jäher Schönheit wird mein Blick zum Park besiegt:
Den zarten Blüten, welche mit mir flirten wollen;
dem Glanz von später Sonne, die trotz der Dämmerung
dem alten braunen Restlaub nochmals Jugend leiht;

dem See, der klar den leichten Hang der Wiese spiegelt,
wie auch das Abbild eines der beiden Höckerschwäne,
der stolz-erhaben vorübergleitet wie ein Kahn.
So jung und schüchtern, als seien sie der Frühling selbst,

noch kaum bemerkbar wagen Blätter sich hervor,
die Baum und Strauch die ersten grünen Tupfer geben.
Aprilwind wiegt erschöpfte Kronen in den Schlaf.
Ob sie von lauen blauen Julinächten träumen?

Beglückende Vollendung
– Heimbalkonträumerei –

Sich verneigend bereitet
der scheidende Tag
seinem Gebieter, der Sonne,
das Schlafgemach.

Das Meer,
vom Wind sanft bewegt,
spiegelt den feurigen Kreis
in vielfach gebrochenem Rot.

Stetes Strandwellenrauschen,
von gleicher Kraft geführt
wie unser Atmen,
erzählt uns Gutenachtgeschichten.

Bevor Vater Licht, augenscheinlich
Lockungen lieblicher Meerjungfrauen erlegen,
sich in Tiefen geheimen Genüssen hingibt,
lodern Spitzen seiner Glanzschleier auf,
spielen die Lüfte in satten Farben.

Ehe die Nacht herab sinkt,
uns dumpf und kalt bedrängt,
zieht sich die Sonne
verstohlen zurück,

huscht ein
letzter Lichtstreif
durch
schlaftrunkene Luft.

Dämmerrunde

Abendstund'. – – Im Dämmerlicht
schlendre ich auf fahlen Wegen.
Sonne, die sich spiegelnd bricht,
leuchtet blendend mir entgegen.

Nach des Sommertages Wärme
frischt nun Kühle etwas auf.
Surren kleiner Mückenschwärme –
Abendzeit nimmt ihren Lauf:

Leichter Dunst legt sacht sich nieder,
fern ertönt der Amsel Lied.
Kühle Luft erfasst die Glieder. –
Sommerneige: solcher Fried'!

Höre heitres Kinderschreien,
Knirschen meines Schritts im Sand. –
Möchte diesen Sonntag weihen
jener Kraft, aus deren Hand

dies geworden; deren Wille
schuf das Leben, Sonne, Meer. – –
Vor dem Dunkeln: Abendstille –
freu mich meines Lebens sehr:

Bleibe an dem Teich noch stehen,
denke: welche Wunderwelt!
Herrgott, lass mich lang noch sehen –
wie dein Werk mir doch gefällt!

Verirrt

Ein froher Tag im Wonnemonat Mai –
ich wollte kurz der Menschen Wohnstatt sehen –,
da ists mit einem Mal um mich geschehen:
Das Tor schlägt zu – mit Zwitschern ists vorbei!

Ach – eingekerkert: finstre Korridore –
ich arme Amsel: nirgends ein Entfliehn!
Treppauf, treppab: halb flieg, halb stürz ich hin.
"O Mächte helft und öffnet Himmelstore!"

Doch halt! Ich hör das Knarren einer Tür –.
Ein riesenhafter Mann betritt die Gänge,
spricht freundlich, weist mir eine Seitenpforte.

"Flieg fort, leb wohl!" empfiehlt er mit Gespür –.
Wie nie zuvor nun trällere ich Gesänge; –
mein ganzes Zwitschern erst nur Dankesworte. ...

Herbstlied

Kälte klirrt in mancher Nacht,
Nebel fallen nieder.
Kürzer nun die Sonne lacht;
bunter Herbst kehrt wieder!

Rau und garstig bläst der Wind,
wiegt der Bäume Kronen.
Trotzt dem Sturm gebückt ein Kind,
sammelt sich Maronen.

Gelbe Blätter sinken sacht. –
Wechselspiel der Farben! –
Landvolk hat sie eingebracht:
Blumen, Früchte, Garben.

Baumesende

Er trotzt – noch hat er Halt, der Baum, der schiefe –
noch einmal den Naturgewalten;
er wankt und schwankt, noch kann er halten –
gleich stürzt die Krone lärmend in die Tiefe.

Die Böen nun den Stamm zu Boden drücken.
Der Schaft bricht krachend jäh entzwei.
Ein dumpfer Schlag – es ist vorbei! –

Kastanienernte

Kälte klirrt in mancher Nacht,
Nebel fallen nieder.
Kürzer nun die Sonne lacht;
rauer Herbst kehrt wieder!

Wild und garstig bläst der Wind,
biegt der Bäume Kronen.
Trotzt dem Sturm gebückt ein Kind,
sammelt sich Maronen.

Röstet manche auf dem Herd,
holt sie sich zum Naschen.
Bastelt Männchen, Vogel, Pferd.
Rest verbleibt in Taschen.

Novembergedanken

Früh erblassen die Novembertage,
Nebel bleicht zu Trauergrau den Ort.
Wandel der Natur drängt auf die Frage:
Geht es weiter nach dem letzten Wort?

Letztmals zieren Farbenfetzen Bäume,
bis die Zweige leer gefegt und kahl. –
Lasst mit Leben füllen Erdenräume,
sind die Wiesen noch so karg und fahl!

Finden wir nach Jahresfrist noch Worte
für den Sturm, der Bäume eng umarmt?
Oder stehn wir nah dem Hort der Horte,
flehend, dass sich unser wer erbarmt?

Verwandlungen

Langsam schließt der Kreislauf sich,
wenn erst alles losgelassen.
Sanft umfängt der Nebel mich:
Kann ihn wie das Jetzt nicht fassen.

Wandel ist nun an der Zeit:
Sturm entreißt der Bäume Farben. –
Mensch, mach dich zum Gehn bereit,
oder willst du lange darben?

Die Natur legt müd sich sterben –
junger Samen liegt bereit. –
Frohes Hoffen wird er erben;
wünsch ihm glückerfüllte Zeit!

VI. Aus der Enge der Zeit

über die Zeit

Ich warte so gerne,
da schau ich die Ferne
und spüre die Zeit:
zum Gehen bereit.

Aus der Enge der Zeit

Ich trete heraus aus der Enge der Zeit
und suche das Ewige in dir zu finden.
Ich spüre nach: der Sehnsucht, dem Streit,
begehre dein Atmen an mich zu binden.

Ich gürte dein Lächeln um meinen Mund,
vertreibe, dich kosend, den Gram deiner Wunden.
Du tust mit beredtem Schweigen kund,
wie sehr du erlitten die Süße der Stunden.

Du küsst hinfort den Staub, die Zeit,
vereinigst das Gestern mit heißem Hoffen.
Ich wittere deine Unfassbarkeit.
Die Sehnsucht zu meinem Wesen bleibt offen.

Ich trete heraus aus der Enge der Zeit
und tanze mit dir beseelten Reigen.
Das Herz dehnt ob goldener Ringe sich weit,
und uns wird beflügelnde Bindung zu Eigen!

stell dir vor die Zeit blieb' stehen
alles Leben fröre ein
Zeiger lahmten statt zu gehen
jäh erstickte Babyschrein

Atem stockte in der Kehle
stehen bliebe uns das Herz
Liebe klammerte die Seele
unbeachtet bliebe Scherz

Regen hinge in den Lüften
stecken bliebe jeder Hauch
Ekel haftet an den Düften
hoch ragt steif der Schornsteinrauch

Hände liegen an den Ohren
Grabscher krallt den Damenzwirn
Finger ruhen ganz verloren
in der Nase an der Stirn

Mörtel schwebt in großer Höhe
zwischen Kelle und der Wand
ein Gerüst geknickt durch Böe
übt den bodenfreien Stand

wär es lustig Zeit blieb stehen
sind doch froh dass seinen Gang
alles Ding geht Zeiger drehen
sich und wir vernehmen Klang

Der Zeitfeind

Es meinte Jemand, Zeit vergehe schwer
und schickt sodann sich an, sie zu vertreiben.
Die Zeit, verletzt, wollt dort nicht länger bleiben;
seither: Herr Jemand lief ihr hinterher.

Es schien ihm jede Stunde schnell dahin.
Auch konnt er keine freie Zeit mehr finden,
noch seine Wut auf sie ganz überwinden.
Sie selbst ließ niemals nach, den Feind zu fliehn.

Am Tag im Mai geschah der Zeit Verhängnis:
Frau Jemand schenkte Jemand frohe Stunden. ...
Da wurde Zeit von Jemand totgeschlagen.

Seitdem kommt Jemand öfter in Bedrängnis,
kaum einer zeitlich spielend über die Runden. –
Der Rest der Zeit ward still zu Grab getragen.

VII. Rätsel

philosophische und religiöse Fragen

Wo sind all die Kinder?

Wo sind all die vielen
Kinder dieser Stadt?
Sie sind nicht beim Spielen!
Haben sie es satt?

Tollten doch im Freien,
spielten Fangen, Ball,
eiferten im Schreien,
übten Sprung und Fall?!

Spielten Mutter, Vater,
schliefen nachts im Zelt;
mimten schwarzen Kater
oder Westernheld;

Hängemattenpennen
war einmal die Schau,
oder Fahrradrennen,
Radschlag wie ein Pfau!

Fußballspielen, Knallen –
Fensterscheibenbruch –
Rauchen, Säuferlallen,
allerdümmster Spruch!

Öde ist geblieben,
Kinder dieser Stadt!
Wer hat euch vertrieben?
Was macht euch nun satt?

Das Tor

Ein Tor teilt unser Dasein auf,
die eine Lebenswelt:
Hier gleißend Pracht, Konsum zuhauf,
dort das, was wirklich zählt.

Die funkelnd Welt von Trug und Schein
grinst freundlich ins Gesicht;
sie redet Ängste, Nöte klein,
zeigt uns Gefahren nicht.

Sie gaukelt ewge Jugend vor,
schwärmt, Reichtum mache frei,
und Werbung säuselt süß ins Ohr,
was nötig für uns sei.

Die andre Welt – erst mal erlebt –
birgt wahres Lebensglück,
das Ziel, zu dem ein jeder strebt. –
Dich sehnt es nie zurück!

Erreichen kann dies, wer auf Geist,
auf Kunst die Sinne lenkt,
wem Güte, Liebe Richtung weist,
sich schöpferisch versenkt. –

Das Tor zu öffnen ist das Ziel,
an *wahrer* Welt zu baun,
an andre denken gern und viel,
dem eignen Selbst vertraun!

Rätsel

Wie lang müssen Spinnen Worte finden,
Sonnen Baumes Schatten scheun?
Wie viel Kinder suchen schlanke Linden,
eh sie sich des Gangs erfreun?

Müssen alle zarten Sinne schwitzen,
dass die Rosen sind entzückt?
Werfen bunte, lange, breite Skizzen
sich zu Tische, sind beglückt?

Muss ein Namenwort, das wir gesprochen,
Pferdeohr wie Salbung sein?
Sollen Verse, gestern umgebrochen,
Dichtern morgen Glanz verleihn?

Dürfen Sätze, die bald ganz verstummen,
später unvergessen halln?
Wird sich jeder voller Pracht vermummen,
dessen Ohren feige schalln?

Werden Fragen später noch verboten,
die aus Neugier nie gestellt?
Wird ein Hund mit stillen Vorderpfoten
vom Besitzer angebellt?

Wird auf Rätsel die seit je verschwiegen,
irgendwo die Antwort stehn?
Wann wird einmal Ungerufnes fliegen,
stummes Wort spazieren gehn? ...

Sind Träume Schäume?

Am Rasthaustisch bemerkte ich das Blitzen
geräuschvoller Autos; die eilten hastig dahin;
entspannte allmählich bei zunehmend dämmerndem Sinn,
sah menschliche Puppen starr im Wagen sitzen.

Und da ich döse, wähne ich mich fliegen,
aus eignen Kräften, ohne Fluggerät,
wie Löwenzahnsamen in den Wind gesät
und flockenleicht in luftigen Höhen liegen.

Wie ich so wolkenähnlich gleitend schwebe,
als hinge ich schwerelos im Himmelreich,
ergriff mich Freudenjubel, dass ich lebe! ...

"Du kannst gern übernachten hier und bleiben,
wir andern aber fahren lieber gleich!"
Ob Träume Schäume? – Ich ließ mich schnell vertreiben.

Fragen

Wie lang müssen Spinnen Winkel finden,
Sonnen ihre Wärme streun?
Wie viel Kinder fühlen wie die Blinden,
eh sie sich am Leben freun?

Wo solln Rehe ihre Nahrung haben –
wenn nicht dort im sichern Wald?
Wie lang lernen Fische sich zu laben
und sich freun am Aufenthalt?

Muss der Mensch bezwingen alle Berge,
ist sein Soll je ausgefüllt?
Wann sind einmal ausgewachsen Zwerge –
wird uns unser Sinn enthüllt?

Müssen zart die Gärtnerhände riechen,
dass die Rosen sind entzückt?
Sollen Zebras lange sterbend siechen,
bis ein Löwe sich beglückt?

Müssen Worte, die wir ausgebrochen,
andern stets vermitteln Pein?
Sollten wir, statt auf das Recht zu pochen,
denn nicht liebenswerter sein?

Haben Tiere wirklich keine Seele –
ob der Hund die Katz versteht?
Schnürt nicht Kummer eines Affen Kehle,
wenn sein Weibchen sterben geht?

Wird auf Rätsel, die verschwiegen,
irgendwo die Antwort stehn?
Wann wird Ungerufnes fliegen,
stummes Wort spazieren gehn? ...

Nur der mag
einen Schimmer
weihnachtlichen Glanzes
erahnen,

nur dem begegnet
die
alles blendende
göttliche
Sonnenflut,

der sich
aufmacht,
den Stern
von Bethlehem
zu suchen.

Kindertraum

Flackernde Kerzen am Tannenbaum
zaubern die Wohnung zu festlichem Saale;
Weihnachtsweise klingt im Raum,
froh in Eintracht: Familie beim Mahle.

Spielzeug, vom Papier entblößt:
Spannung ist dem Spaß gewichen.
Glücksgefühl, das Zungen löst:
Kinderdank – mit nichts verglichen!

Märchenhafte Weihnachtszeit,
so die Kindheit leicht wie Träumen.
Augenfunkeln, Seligkeit
kleiner Menschen nicht versäumen!

Weihnachtskugeln, Krippenkunst
laden ein uns zu verweilen. –
Jesus Christ schenkt seine Gunst
allen, die in Liebe teilen.

Mein Heim – Weg

Meine Beine tragen schwer,
tragen schwere Lasten.
Weiß doch, dass ich hinterher
Ruhe hab' zum Rasten.

Nicht den ganzen Tag ist Müh',
Grund, mich viel zu freuen!
Doch erst Arbeit in der Früh,
dann Raum zum Zerstreuen.

Wind bläst rau mir ins Gesicht,
wenn ich heimwärts wanke.
Leiden macht mein Leben schlicht:
Dorn an Rosenranke.

Näher bringt ein jeder Tritt
mich an meine Ziele.
Gott ist eins – ich hab ihn mit –
Schritte noch, wie viele?

VIII. Zu einer Melodie
über das Dichten / über den Poeten

Frage

Ich möchte gerne etwas sagen
und weiß, es schlummert in der Brust
ein Wort, ein Satz – schon steigt die Lust –
viel länger will ich es nicht tragen!

Am liebsten würde ich es locken
mit einer Schmeichelei hervor.
Ich packte – schwupp – es schnell am Ohr,
so lang es zahm wär', unerschrocken.

Wenn ich doch nur den Anfang wüsste,
ich rätselte nicht länger mehr! –
Das Ganze scheint mir doch zu schwer.
Schon lassen nach die Jagdgelüste. ...

Ich hatte *etwas* sagen wollen:
Hier ist's, das kannst du lesen, sehn!
So leicht mag mancher Wahn vergehn. –
Hab *dieses* ich nun schreiben sollen?

Nonsens(?) - Sonett

So nette Sonette: Lyrik in reichen Facetten:
Ja, wenn wir keine Sonette hätten, was dann?
In welchen Formen fingen wir Dichtung denn an?
Am Morgen in Betten: Wär'n wir noch zu retten?

Wir formen die Normen und normen die Formen: Gedichte.
Wir kürzen und dehnen und würzen, entlehnen so fort.
Wir finden, erfinden, verbinden Sätze und Wort!
Wie viele Gerichte beäugen die dichte Geschichte?

Gedichte wurden Geschichte, die *etwas* sagen! –
Will wetten: Eher Sonetten in ihren Facetten
als den schlichten Gedichten geht's an den Kragen!

So viele Sonette früher gedruckt von Gazetten!
Ist nun der Lyrik Würde zu beklagen? –
Sonette: veraltete Formen, reich an Facetten.

Schwarz auf weiß

Sehnsuchtgefangen –
und im Netze schon verstrickt.
Schwangergegangen –
fast an Worteskraft erstickt!

Angezogen
von des Schöpfers göttlich Lust:
Griff zum Bogen –
Enge schnürt dir deine Brust!

Schreibe nieder
die Gedanken schwarz auf weiß!
's kehrt nie wieder,
wär' die Sehnsucht noch so heiß.

Bleib empfänglich
für Gefühl, das dich bewegt!
Rasch vergänglich:
Dichtung, die den Geist erregt.

Die Suche

Ich lese Lyrik wie ich durchstreife Fluren
und nehme freudig auf, was mich bewegt,
mich von der Schöpfung stark berührt, erregt. –
Ich selbst bald dichte, ziehe eigne Spuren.

Das Vorbild nachgeahmt soll ich nun haben. ...
Verzaubert hat mich seine Eigenheit,
verwandelt, so wie die Natur ihr Kleid
kaum merklich färbt beim Reifen ihrer Gaben.

In fremder Gegend such' ich Stil und Art.
Wie meine Freundin Gertrud hierzu schreibt,
sei's anerkannt, zur *eignen* Form zu finden,

und wäre das Besondre noch so zart:
Das sei es, was als eignes Merkmal bleibt,
was mancher einmal so wird nachempfinden.

Künstlerleben

Zwischen Stapeln von Papier –
blank – bedruckt – spezialbeschichtet –
sitzt er Stund um Stund und dichtet,
scannt und druckt und heftet schier.

Weil er oft auch Fotos schießt,
Karten, Bücher selbst gestaltet,
schneidet, ordnet, Bogen faltet,
keine Aushilfskraft genießt,

tippt er mit Genauigkeit
selbst die Texte in die Tasten;
es gilt hierbei, nicht zu rasten:
für die Kunst die freie Zeit!

Ganzen Tag im Amtsbüro
öffnet er als Pförtner Türen,
lässt manch Lottospieler spüren,
dass beglückt er selbst und froh. ...

Zu einer Melodie

Kollegen fanden heute Freude an Gedichten.
Ich schenkte sie, nachdem ich mühsam sie mir abgerungen.
Obgleich ich imstande, dasselbe einfach abzulichten,
blieb ein Gefühl, als sei ein trauter Ton verklungen.

Soll dies, wie alles, was wir schmerzlich losgelassen,
bewirken, dass bald Neues, Gutes mich ergreife.
Mög einen andern Menschen jener Ton erfassen –
das Lebenswerk zu einer Melodie einst reife!

Ungestillte Sehnsucht

Ich Konsument.

Keine Ahnung von ungestillter Sehnsucht nach sattem Hunger. –
Abhängig von Überfluss bis zum Austrocknen glotzte ich mit verbundenen Augen in die Flimmerkiste,
deren blinder Bildschirm buntschillernde Filme wiedergab.
Ich paffte gierig den Qualm eingefrorener Glut vergessener Zeiten,
suchte das Glück in den Sphären freien Schwebens, das Erinnern vergessend,
erhob mich im Sturzflug über mich selbst, raste in Zeitlupe ins Nichts.

Ich Poet.

Keine Ahnung davon, wie sich aus dem Nichts ein Kosmos erzeugt!
Immer wieder beschwichtige ich mich selbst: noch zwei Minuten! ...
Und das den ganzen Tag über, ohne Unterlass.
Den ganzen Tag, ohne Pause, auf den Sitz gebannt, verwaist –
allein und gern allein mit mir selbst und den stummen Gefährten Papier und Bleistift,
von nagendem Durst und Hunger verzehrt, alles andere vergessend;
Nacken und Rücken schmerz-stechend verspannt;
ohne Kunst-Droge, jedoch mit der Droge Kunst, dem Glücksrausch erlegen:
ein Schöpfer sein, ein Kunst-Gott und von jener erfüllten Beglückung,
welche die Musen dem Menschen zuweilen verleihen,
übermannt – und überrollt – – verschluckt.

90

IX. Funkelnd prangen

stirb und werde

Wenn das Endliche endlich endet

Wenn die Liese least und die Last lastet,
wird der Schuh beschuht und die Mühe bemüht.
Wenn die Mühle mahlt und die Taste tastet,
wird die Ruhe ruhn und auch die Blüte blühn.

Wenn der Rost rostet und das Rot errötet,
wird die Hand handeln bis der Fuß fußt.
Wenn der Sand sandet und der Tod tötet,
mag der Kuss küssen, so dass der Ruß rußt.

Wenn der Strand strandet, so dass die Rast rastet,
wird die Wand wandeln, so dass das Fass fasst.
Wenn das Rennen rennt und das Fasten fastet,
spannt der Spanner sich an, bis dass der Hass hasst.

Wenn erst der Sänger singt und die Dauer dauert
und der Ton tönt so sehr, dass das Stinken stinkt,
bis das Müssen muss und die Lauer lauert,
bleibts nicht aus, dass die Laus laust und das Winken winkt.

Die Probe wird probiert, der Hut wird behütet,
Handel gehandelt, das Haus behaust,
Stecker werden gesteckt und Brut gebrütet,
Jause gejaust und die Maus gemaust.

Du wirst Zeche zechen, mit Hetze hetzen,
Rast wird rasten, alles Lachen ausgelacht,
mit dem Rechner wird man verrechnen und die Sitzung
besetzen,
Hast wird hastig hasten und das Machen machbar gemacht.

Schließlich wird geschlossen und das Ende beendet,
Erde wird zu Erde, jeglicher Schimmel verschimmelt,
Brände werden ausgebrannt und die Verschwendung völlig
verschwendet,
mit dem allerletzten Geld wird vergolten und der Himmel
noch einmal angehimmelt.

Wenn die Düfte gänzlich verduftet, Gesänge gesungen,
das Vergehen allmählich vergangen, wird der Vollender voll-
enden,
sind die Gräber begraben, ist jeglicher Klang verklungen. – –
Endlich wird die Ewigkeit verewigt und das Endliche enden.
...

Wir wissen unser Schicksal nicht,
wann uns einmal der Atem bricht,
wann unser inneres Gesicht
einst eintaucht in das Große Licht.

Funkelnd prangen

Magst du, kaum dass du gegangen,
auch schon ganz vergessen sein –
deine Freude, deine Not,
deine Liebe, all dein Streben,
deine Opfer, dein Vergeben,
deine Seele und dein Tod
werden all die Sphären weihn,
in den Himmeln funkelnd prangen!

Ausblick

Manche Nacht nun lauert Frost,
Nebel bildet Schwaden.
Laub, erst Gelb bemalt, dann Rost,
baumelt noch am Faden.

Fort reißt es ein jäher Wind
wütend von den Zweigen.
Blätter, die der Erde Kind,
tanzen hastig Reigen.

Laub löst sich vom Lebensbaum,
bettet sich zum Sterben.
Bald wirst wechseln *du* den Raum,
Sinn des Seins vererben.

Abschied

Einmal muss ein jeder gehn
aus der Welt hinfort;
wird am Grabe jemand stehn,
ein erinnernd Wort
sprechen vor sich her;
wird in sich gekehrt
streun ein wenig Erd' –
Abschied: tränenschwer.

Zuletzt

Einmal müssen alle lassen
diese Welt zurück;
werden Mauern deiner Gassen
all dein Leid und Glück
wissend künden stumm und karg. –
Sanft wie welkes Laub
wird der Erde Staub
sinken sacht auf deinen Sarg.

Schlusswort

Wird neu er sein?

Bin ich nun auf dem einen Weg, dem "alten",
auf dem ich mich so oft schon wiederfand?
Hat er mich immer wieder festgehalten,
so dass ich nie betrat ein "neues Land"?

So dass ich kaum ein neues Ziel erreichte,
weil ich den einen Weg noch nicht verließ?
O doch! – Erspart bleibt mir Bekennen, Beichte,
weil irgendwann mein Ziel *Verbess'rung* hieß!

Doch nun, da ich beherrsche Jambus, Reime,
Trochäus, weiß, wie ein Sonett entsteht,
gehn langsam auf des frischen Säens Keime,
der Wind aus leicht gedrehter Richtung weht.

So mag zum Abschluss dieses Buchs ich gehen
auf altbewährtem Weg mit neuem Ziel;
wie lang kann ich zu diesem Werke stehen,
wird neu er sein und wie: mein Lyrikstil?

Fotoverzeichnis

Titelbild: "Klavierimpression", 13.7.2001, BOA - Sommerfest, München

1. Foto: "Halteverbot", 4.5.2001, München, nahe TÜV, Ridlerstraße

2. Foto: "Krokodil", 4.5.2001, München, Ridlerstraße 75

3. Foto: "Spuren und Schneebaum", Nov. 1999 München, Neuperlach-Süd, von Wohnung aus

4. Foto: "PP39", 25.8.2001, Baustelle Südperlach, München

5. Foto: "Querstreben", 25.8.2001, Baustelle Südperlach, München

6. Foto: "Blaustruktur", 4.5.2001, München, Ridlerstraße 75

7. Foto: "Walze", 25.8.2001, Baustelle Südperlach, München

8. Foto: "Verzaunt", Anfang April 2000, Göttingen

9. Foto: "AIIM", 25.8.2001, Baustelle Südperlach, München

10. Foto: "Dachgarten", 18.11.2001, Heidelberg

11. Foto: "Boxen", 13.7.2001, BOA - Sommerfest, München

12. Foto: "71", 25.8.2001, Baustelle Südperlach, München

13. Foto: "Oben", 4.5.2001, München, Ridlerstraße 75

14. Foto: "Zwei Säulen", 18.11.2001, Heidelberg